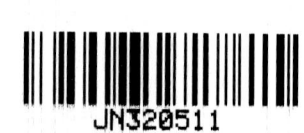

いつでもスタート、どこからでもOK!

気づけばピカピカ!

1日1分そうじ

沖幸子

二見書房

プロローグ

私は、どんなに仕事が忙しくても家事をおろそかにできない性質です。いっぽう毎日、仕事以外の自分の時間をできるだけ多くとって、音楽を聴いたり、お菓子を作ったり、旅行したり、美味しいワインを飲んだりしたい。そういった自分の好きな趣味の時間も大切にしたいと思っています。

だから、家事だけに時間をとられたくないのです。

でも、仕事もありますし時間も体力にも限界があります。だからといって部屋中の汚れを無視したり、そうじやそのほかの家事を放棄したくもありません。

人によっては、「仕事をしているから」とか「嫌いだから」とかで、家事にはまったく無関心な人もいますし、また「そうじや整理整頓が大好き」と思い込んで毎日それらに追われ、いつのまにか疲れきっている人もいます。

けれども私は、「そうじが行き届いて整理整頓された生活」と「たっぷりと余裕のある自分の時間」、その両方を同時に手に入れたいと思っているのです。

そのためにはどうすればいいのかを長い間考え続けました。家事にかける時間もないし、もちろん、かけたくない。ということは、「そこそこ上手な家事」を、しかも「短時間」にこなすことが、理想の生活への最短の道だと気がついたのです。

私も今までの生活で、うまくこなせない家事も成功した家事も、いろいろ経験してきました。うまくいかなかったときなど、やる気をなくしたり、家事から遠ざかったりしたものです。

そんなあるとき、やるべき家事を細かく分け、それらにどのくらい時間がかかるかを調べてみました。テーブルを拭く、食器を洗う、シンクを拭く……。そうしているうちに、そうじ場所の汚れが少なければほとんど時間がかからず、カンタンにできることを発見したのです。しかもかかる時間は秒単位。長くても1分以内です。これなら身体も心も疲れず、楽しく、家もピカピカになるではありませんか！

キレイになった部屋は、仕事の疲れをも癒してくれるような気がしました。短時間にキレイにするコツさえつかめば、誰でも「そうじ上手」になれるのです。時間があれば、秒単位のそうじを組み合わせればいいし、やる気も、時間もないときは、せめて1日1分だけ行えばいいのです。

「そこそこ上手な家事」は効率がよいから時間もかかりません。長時間の家事から解放されれば、自由で好きなことをする時間が増え、しかも、部屋はいつもキレイ。清潔で美しい住環境は、心も楽しくゆとりのある毎日を送ることができます。

私が人生で最高の気分になるときは、仕事がうまくいったとき、そして何よりも家事が自分でうまくコントロールできているときです。さらにそうじも短時間でいつもキレイにでき、すべての家事がスムーズにうまくはかどったとき。「あそこもやならきゃ、ここも終わってない！」といった家事の悩みからさっぱり解放されたときに幸せを感じるのです。

あなたの大切な暮らしの舞台がいつもキレイに片づいていれば、それがあなたの自信であり、生きるエネルギーへとつながっていくことでしょう。

私のこれまでのいろいろな体験から生まれた1分そうじは、私に楽しい家事の習慣を運んでくれました。それに、1分ですから、どんなにあなたががんばっても、“そうじ魔”と嫌われたり、心や身体が疲れて神経が参ってしまう心配はありません。ですから、心から安心しておすすめできるのです。

どなたでもどこからでもカンタンに始められるように、1分そうじのコツをご紹介しています。とにかく気になるところからスタートしてみてください。

「1分そうじ」が、あなたの家事をラクに前向きに、さらに明るく変えてくれますように。

あなたの生活習慣、毎日の行動に
「１分そうじ」を組み込みましょう

１分そうじ心得

かける時間は、１カ所１分

１日にやる「１分そうじ」は５カ所まで

先手必勝！　「汚れる前」「汚れたらすぐ」

「ながら」「ついで」そうじを習慣に

そうじ道具はシンプル・イズ・ベスト

パーフェクトを目指さない

c o n t e n t s

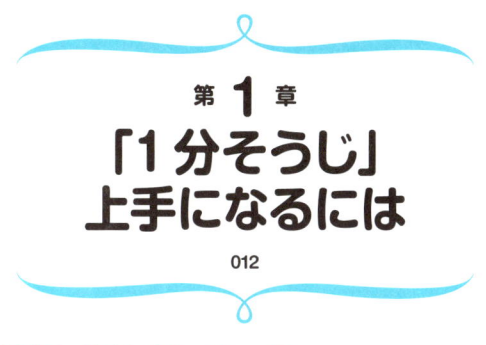

第1章

「1分そうじ」上手になるには

この本で紹介する「1分そうじ」のコツは、難しいものではなく、誰にでもできる簡単なものです。

家事のなかでも、そうじの嫌いな人は多く、私もその例外ではありません。そうじのカリスマと世間で言われながら実はそうじは好きではありません。ですが､長い間､上手になりたいといろいろな方法を考え、暮らしのなかで実際にためしてきました。そして「1日1分そうじ」という時間をかけない上手なそうじ術を発見したのです。

けれども、実際にためすためには、それをスムーズに行える環境が必要です。モノが整理整頓され、いつでも“サッ”とできることも大切。

モノがごちゃごちゃと部屋中に散乱していると、そうじをやる前からその気持ちがなくなってしまうものです。モノが多いとホコリや汚れもたまり、そうじをする場所も増えてしまいます。ますます、そうじをやりたくない環境ができあがってしまうのです。

まず、あなたのライフスタイルをじっくりと見つめることからスタートしませんか。

モノを減らす工夫をしましょう

あなたの部屋には、必要以上のモノが所狭しと転がっていませんか。

ここ数年、シンプルライフという言葉をよく耳にします。自分の持っているものをできるだけ少なくし、すっきりと快適に暮らそうというわけです。さらに、モノを「捨てる」ことで、あなたの暮らしも豊かになると説かれています。

でも現実は、いったん手に入れたモノはよほど強い意志を持たない限り、なかなかうまく手放せないもの。最低限のモノしかない生活に切り替えるには時間が必要だし、無理に行うと、かえって逆効果でむなしい生活になってしまうかもしれません。

モノをトコトン使う工夫

では、どうしたら、モノを無理なく減らすことができるのでしょうか。それは、少しずつあなたの「暮らし方」への考えを変えていくことです。「捨てる」とか「捨てない」ではなく、自分にとってそのモノは役に立っているかどうかを基準に考えてみればいいのです。

モノには愛着があるからこそ、そのモノを持っているわけですし、モノにはいろいろな思い出も詰まっています。そこで、無理してそれらを捨てる前に、新しいモノを買うのをやめ、持っているモノすべてをトコトン使ってみませんか？

かつての私の部屋にもモノがあふれていました。私は20数年前にそうじを中心にした家事サポート会社をスタートさせたのですが、今でこそポピュラーになった“おそうじ屋さん”もそのころはベンチャービジネスといわれ、ほとんど前例のない事業でした。最初の3年間は食べることがやっとで、何も買うことができないくらいの貧乏生活を体験したのです。今思えば、それが私のひとつの転機でした。

仕方なく、今まであったモノを徹底的に使い回しはじめました。これまでは無造作に捨てていた壊れたコーヒーカップにポトスを入れ、花瓶代わりにして机に飾ったり、古びたTシャツは重ね着をして工夫をしてみたりしたのです。それらはちょっとしたアンティーク風のインテリアグッズになったり、新しいファッションスタイルになったりして、やってみるとなかなか心が楽しくなるではありませんか。

そうしているうちに、私の生活に必要のないモノがはっきりし、無駄なモノを無理なく自然に「処分する」気になっていったのです。1年間もそんな生活を続けていくと、みるみる私のまわりからモノが減っていきました。

「捨てる」「捨てない」と悩まない生活へ

モノにあふれ、支配されている人は、いきなり「捨てる」ことを考えてしまいます。そのほうがラクでカンタンだからかもしれません。でも、「捨てたあと必要になったらどうしよう」とか、「捨てる」ことだけが目的となってイライラしては意味がありません。そうならないためには、あなたにとって必要なモノとそうでないモノが自然にわかるようになればいいのです。

自分の好みをはっきりさせることもひとつの方法です。好みに合わないものは買わないので、いつのまにかあなたのまわりには自分の好きなモノだけに限られていくでしょう。つまり、あなたのライフスタイルに

合ったモノが生活の中心になるのです。そんな生活を送れば、「捨てる」「捨てない」などと悩むことはなくなるはずです。

そうして使い慣れた好みのモノは、手になじみ、愛着も生まれ、何度も手入れをして大切にしたいと思うようになるでしょう。そうなれば上手に使いこなす「知恵」や「工夫」も生まれるはずです。使いこなしたモノに囲まれた生活は、家庭的で穏やかで豊かな気持ちになります。

私は、自分にとって一番くつろげる暮らし方は何かをいつも考えながら、生活を楽しんでいます。あなたも、心からくつろげるようなモノとの付き合い方は何かを、考えてみましょう。

スペースに合ったモノだけ持つ

「モノが増えて困っています、どうすればいいでしょう」。こういった相談をよくいただきます。新しくモノを買ってきたけれど、さて、どこに置いたり、しまったらいいのかと悩んだすえ、戸棚やたんす、ありとあらゆる収納スペースにすき間を見つけて詰め込んだり、今まで置いてあったモノの隣に無理やり置いたりしていないでしょうか。このような生活を続けていると、いつのまにか、「モノが増えて困る」ことになるわけです。

悪い収納の習慣は、あなたの毎日の生活にも悪い影響を与えます。モノが必要になっても「どこに何がしまってあるかがわからない」とイライラしたり、さらには買ったことやしまったことすら忘れてしまうときもあるでしょう。こんな暮らしは、目に見えない無駄を重ね続ける暮らしです。

人にはそれぞれ自由に使えるスペースが決まっているということを知っておきましょう。もちろん、年齢や家族構成によって家の広さは違いますが、それぞれの暮らしのなかで、収納スペースには限りがあるのです。その限度をよく把握して、そのスペースに自分の持つモノの数を合わせる暮らしをしなければいけません。自分のスペースに合わせたモノだけを持つ。これをしっかりと守る習慣を身につければ、あなたの暮らしのイライラやストレスは半分以上解消されたようなものです。

必ずできる“70%収納”

モノを持つ目安は、“収納スペースの70%”です。たくさんの家を見てきた私の経験から、ふだん使うモノを中心に考えると、スペースの70%の収納がベストでした。30%の空きスペースができれば、どこに何があるかが一目でわかるので管理も行き届き、風通しもよくなってモノも長持ちします。

これをだいたいの目安にして、自分の持つモノの数を考えながら優先順位を決めていくわけです。

「定量」「定番」「定位置」のルール

スペースの70%収納を目指すために、まず必要なのは「定量」「定番」「定位置」というライフスタイルのルールを持つことです。自分でモノを管理するために、この3原則をいつも頭においておくことです。「家事が上手になること」は、すなわち家事を合理化することです。そのためにもこの基本は外せません。

「定量」のルール

繰り返しますが、どんな人にも収納スペースには限りがあることを忘れないでください。どんな広い家を作っても、何年かたつと「収納スペースが足りない」と嘆く人が多いようです。ほしいままにモノを増やし、しまうところが足りなければ、収納スペースの容量を高めるための棚やラックをさらに購入してしまう。しかしこれではモノが永遠（！）に増え続けることになりかねません。やがて、部屋中の床にもモノが散乱し、人間がモノの中にうずまって生活している状態になってしまいます。モノに人間が左右されるのではなく、人間がモノを支配することが、快適な生活には大切なことです。

モノを入れる場所を決める

畳2枚分のクローゼット、扉2枚の押入れなど、今ある収納スペースが基本です。ポイントは、収納スペースを決めたら、カンタンには変えないこと。そのスペースが、あなたが持つことのできるモノの「定量」をしまう場所なのですから。

そして、その収納場所に、「70％」しか入れないことを生活の目標にします。そこからはみ出るモノは、あなたの暮らしからはみ出るモノです。「1つ使ったら、1つ補充」。この暮らしのルールを徹底的にキープしていけば、それが習慣になり、モノの数は「定量」に保てるわけです。

まずキッチンの引き出しからスタートしてみましょう。私は、中身が見える調味料類は残りが3分の1以下になったら買い足しますのでストックは持ちません。ラップなどの中身が見えないものは、いつも1個だけストック、「ワンユース・ワンストック」のルールを守っています。

「定番」のルール

あなたは、好みの服のデザインや色をはっきり言えますか。

私は仕事を持っていますので、ワードローブは、黒を「定番」の色に決めています。インナー、ボトムスのスカートやパンツの色も黒に合わせて選びます。そのうえで春夏、秋冬ものなど、季節に合わせてスーツは何着、ニットは何枚、ブラウスは何枚と決めておくと便利です。

ただいくら黒が「定番」で、便利だからといっても、たまには変化が欲しくなります。好みはそんなに変わるものではありませんが、私の場合は同じものばかりだと気持ちにメリハリがなくなるのです。スーツやジャケットなどは、いいものを長く着たいので、素材を中心に好みのブランドを決めていますが、流行のインナーなどは、若者向けのショップでパッと華やかなものを何点か買うことにしています。こういった買い方も、私にとってはファッションに変化を楽しむ「定番」といえるかもしれません。

「定番」が決まっていると、足りないモノがよくわかります。買い物にも迷うことがなくなり、無駄なモノを買ってしまって後悔することも少なくなります。さらに自分が持っているモノを把握できているので、効率的に着まわしも楽しめるのです。

そしてもちろん、キッチンにも「定番」を決めています。たとえば我が家の食器のほとんどは、毎日使う食器とゲスト用が同じです。洋食器は、ドイツで集めたマイセンの陶器とイギリスの磁器。イギリスの食器は少しですが、マイセンは2年間のドイツ暮らしのとき、必要に応じて少しずつ集めたものが今でも役に立っています。

洋食器の色も種類も日本食に合う“ブラウ・ツ

ヴィーベル”（青玉ねぎ）に決めているので、別のブランドを買うこともなくなりました。縁が欠けたりすると補充しますが、壊れたモノにも愛着があるので、花瓶に使ったりしています。

部屋に飾る生花も、白いカサブランカが「定番」です。香りもいいし、1本で花を数個つけているので、長く楽しめるからです。これも、少し華やかさが欲しいときは、色のついた季節感ある小花を追加して楽しんでいます。

このように「定番」を決めることで、自分らしいライフスタイルが演出できるのです。

「定位置」のルール

モノには“住所”を決めること。そして、必ず、使ったら元の“住所”に戻すこと。これは、「1分そうじ」をするためには、とても大切なことです。モノの住所を決めておけば、あたりにモノが散乱することもなく、探し回るのに時間もかからず、いつでもそうじが「サッ」とでき、気がついたときはいつもキレイ！な状態に部屋を保つことができるからです。

モノの住所を決めること、つまり「定位置」にモノがあると、使うときも取り出しやすく、しまうときも悩まずにすみます。管理もカンタン。キッチンやトイレなど消耗品が多く出る場所も管理がしやすいので、量が少なくなればすぐ補充の態勢に入れます。

そして、あなたが人に家事を頼むときでも「どこに何がある」かがわかっているので、指示がスムーズにできるでしょう。効率的な家事を行うのに、「自分で上手に処理する」ことも重要ですが、「人にやってもらう」ことも、大切なテーマです。そのためにモノが定位置にあれば、どんな人にも教えやすくわかりやすいのです。

「住所」の決め方

モノの住所を決めるときは、あなたが使いやすく、効率のいい場所であることが一番大事です。たとえば重いモノを頭より上に置くと、「両手で持ちながら」取り出すため余計な力が必要になります。いっぽう腰よりも低い位置に置けば、引き出せるので力があまりいりません。すき間をそうじするときも、モノをずらすだけでカンタンにできるのです。

それから私は、冷蔵庫の中の食材こそ、すべてに「住所」を決めることをおすすめしています。どこに何があるかが一目でわかりますし、奥から引っ張り出したものが賞味期限切れ！　などとあわてることも少なくなるからです。そして、元に戻すときに、その場所をついでに拭いておくのです。このように「ついで」にできるクイックそうじも、モノの「定位置」があるからこそ、やる気になるのでしょう。

1分そうじにとって、モノの関わりはとても重要なことです。「定量」「定番」「定位置」を守りながら、「70％

収納」ですっきりした住まいは、あなたが心からくつろげる快適な空間になることでしょう。あなたが囲まれる家中のモノは、すべて、あなたが必要とし、使いこなされ、まるで家族のように愛着を感じられるからです。

持ちモノのチェックをしましょう

誰が数えたのかはわかりませんが、日本の家庭には洋服からインテリアグッズ、食器や調理器具も含めて、平均して1万個以上のモノがあるそうです！　私のまわりを見ても「妙に納得」してしまいます。

あなたが持っているモノのなかには、日ごろから使っているモノ以外に、何年もしまって忘れられているモノ、あるいはあることがわかっているけれど必要のないモノがあるはずです。そして一番やっかいなのが、「どうしても手放せないモノ」。これらが、“スリム生活”にとって、大きな妨げになっているのかもしれません。さあ、あなたの持ちモノを再点検してみませんか。自分が今どんなモノをどれだけ持っているかを知ることは、明日からの快適な毎日への第一歩になるのですから。

ちなみに、私が自分の持ちモノのチェックをしたきっかけは、ドイツ暮らしが決まったときでした。必要なモノだけに囲まれたドイツ人の心豊かな暮らしにあこがれた私は、引っ越しを機会に持ちモノすべてを再点検したのです。私がチェックした項目は「今の暮らしに必要かどうか」「半年後必要か」「1年後はどうか」でした。

どれにも当てはまらないものは、すぐ処分。でもどうしてもできないときは、1週間考えましょう。それでもできない場合、そこは後回しにして、きっぱりとモノを処分できる場所から始めましょう。

処分の方法はいろいろ

「誰かにあげる」「ガレージセールやフリーマーケット、リサイクルショップに出す」。私は、必要でないモノはとりあえず、大きな紙袋にまとめて入れておきます。在庫ノートを作り、知人やスタッフに「こんなモノがあるけれど」と声をかけ、相手が興味を示せば差し上げることにしています。自分にとっては必要ないモノでも、他人は喜ぶかもしれないからです。

冷蔵庫からスタート！

食材には賞味期限があり、あなたがどうしても取っておきたいと思っても限界があります。どんな人も再点検しやすい冷蔵庫からスタートしましょう。中にあるモノを全部出して、使うモノ、使えるモノに分けます。1つ1つ食材の中身や種類、賞味期限を調べていると、料理のアイデアがいろいろ浮かんで、思わぬ節約につながるかもしれません。

収納の達人になりましょう

すっきりした生活ができる人は、“収納の達人”です。そして、“1分そうじの達人”でもあるのです。

これまでにお話しした“70％収納”は、「取り出しやすい」「しまいやすい」、つまりは「1分そうじがしやすい」ための環境作りです。

いつでも手軽にキレイにできる状態にしておくために、私が心がけていることをご紹介しましょう。

クローゼット

シーズンに着る服は、洋服だんすまたはクローゼットなど、1カ所で収納することが効率的です。これまでお話ししてきた70％収納は、洋服同士が重なりあわず、4～5センチのすき間を作るので、洋服が一目で見渡せ、風通しもよく、管理も行き届きます。もちろん、取り出しやすく、しまいやすいのは言うまでもありません。片一方に寄せれば、3割程度の空間ができるくらいの量が目安です。

キッチン

調理台の上や床には何も置かないことが、そうじを手早くできるポイントです。また食器棚のなかは、器を取り出すときにほかの食器をどかしたり、食器同士がぶつかり合わないようにします。

私は、ふだん使いの食器とゲスト用の食器をほぼ同じにしています。こうすることで今までの食器の量を3分の1に減らすことができました。

調理用具も、同じ種類のモノを何個も持つのではなく、たとえばお鍋なら、大中小の3つあれば十分。さらにフライパンが大小1つずつあれば、家庭で作るどんな料理のレシピにも活用できるはずです。余分な調理器具がないほうが、キッチンの戸棚のそうじも、カンタンでラクになります。

また、キッチンにあるモノの配置は大変重要です。意識して配置し、無駄な動きがないように工夫しましょう。食器棚や調理器具がピッタリの位置にないと、行ったり来たりの無駄な動きが増します。

冷蔵庫

扉を開ければ、奥のライトが見えて壁が見渡せますか？　棚にあるモノ、野菜室や冷凍室、すべての食材が、他のモノを移動せずに取り出せるでしょうか。ふだんの1分そうじには、モノを外に出すことなく、冷蔵庫内で右左に移動するだけですませられるかが重要です。

水まわり

トイレやバスルームには余分なモノを置かないこと。これが一番のポイントです。汚れ、ホコリやニオイの温床になってしまうからです。特に水まわりは、健康のためにもいつもキレイに保つことが大切なので、「汚れる前」にいつもキレイにする1分そうじにふさわしい場所です。

今日はコレを
使おう

そうじを楽しむ

私は、そうじが好きではありません。ですから、そうじの嫌いな人、家が汚れてどうしようもなく途方に暮れている人の気持ちが痛いほどよくわかります。

でも、私は美しい家が大好き。ピカピカに光り輝くバスルームは、心も身体も磨かれるような気がしませんか？　ピカピカに美しいキッチンは、美味しい料理がますます美味しそうに見えませんか？　家中がピカピカになると気持ちがよくなります。自分も温かい気持ちになれるし、まわりの人も幸せそうに見えます。だから、いつも部屋中をキレイにしておきたくなるのです。

毎日忙しくしている私の部屋が、いつもキレイに美しく保てるのは、「1分そうじ」を中心にした「クイックそうじ」のおかげです。無理してそうじを好きになる必要はありません。「そうじ上手」になればいいのです。そのためには、そうじがいつでも気楽にできるように、つまりそうじが楽しくなる工夫が大切なのです。

“何かのついで”にするそうじは、身も心も軽く、いつのまにか完了してしまいます。そうじを嫌いになるスキもありません。歯を磨きながら洗面台を拭いておく、トイレを使ったあとはブラシでこすっておく、キッチンのシンクの水滴は乾いたタオルで拭く、レンジ台を使ったあとはまわりを拭いておく、お化粧を終えたあとの鏡は、サッと拭いておく……。

パッと見て、汚れていなくても「汚れ」はあります。見える汚れは、見えない汚れが積み重なってできたものだからです。見え始めた汚れに向かって、「さあ、今からそうじをやりましょう」というそうじは、疲れている心にはつらく、そうじ嫌いの道にまっしぐらです。そうではなくて、汚れる前にそうじを意識することなく、いつのまにかそうじができる「ながら」、「ついで」のクイックそうじを自分流に見つけ、身につけてしまえば怖いものなしなのです。

いつのまにか、手に余る汚れになってしまった場所を見つけて驚くこともたまにはあるでしょう。そんなときは、気分の明るいときや、まだ体力のある午前中、楽しいことが待っているお出かけ前などの時間を使ってする“部分そうじ”をおすすめします。この場合も、“1分そうじ”をいくつか組み合わせて10分以内。そして終了時間が来れば必ずストップ、という潔さも必要です。

家事にメリハリをつけることが、そうじを楽しくするコツです。

キレイに見えるそうじのコツ

好きこそ物の上手なれ、という言葉がありますが、そうじはその反対。嫌いだからこそ「早く、キレイに」したい気持ちをもってすれば、いつのまにかそうじ上手になっているはずです。

上手なそうじとは、他人が見てキレイであること。誰が見ても「まあ、キレイ」と思わせるそうじをするためには、他人の目で拭いたり、掃いたり、磨いたりしましょう。そうじの好きな人が一生懸命になって部屋中を時間と労力をかけて拭いたり、磨いたりしたのに、人が見て「どこが？」と疑問に思うことがありますが、これは他人の目でキレイに見えるそうじをしていないからです。

そしてキッチンや洗面所、バスルームなどの水まわりの、決め手は“蛇口”。ピカピカに仕上げた蛇口はさらにキレイ度効果が上がるのです。

あそこ、ずいぶん
汚れてる…

ただバスルームのそうじは、そうじをするときの目線ではなく、いつも使う人の目線が大切です。お風呂に入ったときの目線で、じっくりと天井、タイルの目地、壁の汚れをチェックします。私はときどき、バスタブにつかったまま、じっくりと目を動かし、残った汚れがないかどうかチェックしています。

マイペースでできることから

“1分そうじ”には、自分流を持つことが大切です。あれもこれもと思っても、結局主人公はあなた。自分がやりやすいスタイルを持つことが長続きするポイントです。

自分のライフスタイルや体力にあったやり方で、毎日の習慣になるまでやりましょう。「まあ、今日はいいか」としょっちゅう自分を甘やかしては、いつまでもピカピカな家は手に入りませんよ！

MADE IN JAPAN
0
10
20
30
40
50
60

COLUMN 1

そうじの基本編

そうじの基本動作は、「はたく」「掃く」「拭く」「磨く」です。そうじとは、すべてこの４つの基本動作から成り立っているのです。そしてこの動作を効率的に組み合わせたものが合理的なそうじ動線です。

毎日のそうじに無駄で余分な動線が多いと、身体が疲れる割には思ったよりキレイになりません。このような動きを繰り返すと「そうじ嫌い」になってしまうのです。効率的な基本動作を身につけ、上手なそうじを心がけましょう。

● 効率的な動線

▶はたく

部屋のホコリをはたくことから掃除は始まります。室内のホコリを下にためるのです。掃除機をかけてからホコリを払うと、ホコリが舞い散ってしまい、また掃除機をかけなくてはいけなくなりますね。同じ動作を何度も繰り返すことは無駄な動線になります。

ホコリの払い方は、

上（天井、照明器具など）

↓

横（壁）

↓

下（床）

の順番に行います。アルミサッシなどの新建材や家電など、静電気が起こりやすいものが多い今の住環境では、ポリプロピレン製の化学はたきが便利。はたくときは、かならず窓を開け、換気扇を回して、外へホコリを出すことも忘れないで。

▶掃く

ほうきで掃いたり、掃除機をかけたりする動作は、部屋の奥から出入り口に向かって行います。出入り口のドアにあなたのお尻を向け、後ずさりをするように掃除機やほうきを使うと、キレイにした床を自分の足で汚す心配がありません。また、ハンディタイプの掃除機や充電式の簡易掃除機があると、食卓の下など場所別に汚れたところを手軽にそうじできて便利です。

▶磨く

磨く動作は曲線が基本です。ガンコにこびりついた油汚れや手あかなどは､拭くより磨くほうが効果的です。ただ磨く動作は身体が疲れやすいので、ガンコな汚れを磨いて一度に取ろうとしないこと。労力も時間もかかります。
固まってしまった汚れは、クルクル磨きながら取れば、汚れもゆるみやすく、力もいらず建材も傷みません。

〈キッチンの壁〉

〈ドアや壁の手あか〉

キッチンの壁のべとついた油汚れは、下に向かってついているので、下から上にかきあげるように磨きあげると力も時間も少なくてすみます。またドアや壁の手あかなどの部分的な汚れは、汚れの中心から外へ向かって放射線状に磨くと効果的です。
道具も効率を重視しましょう。使うのはタオルかスポンジ。広い場所を磨く場合は、手に少し余るくらいの大きさのスポンジを使って動作を「少なく」し、狭い場所などの場合は、小さいスポンジで動作を「小さく」、が効率的です。

▶拭く

拭きそうじには、タオルを雑巾のように縫わないで使うのがおすすめ。たたんだり、手に巻いたりすれば形も自由自在です。乾いたモノと水で固くしぼったモノを1枚ずつ用意すると便利です。窓や壁は、手が少し余るくらいの大きさで、タオルの面をできるだけ広く使えば、1回で広い範囲を拭くことができ、何度も拭かなくてすみます。
また拭く動作は、基本的には直線で行います。右方向へ手を横にまっすぐに動かしひと拭きしたら、今度は逆方向へひと拭き。
このような効率的な動線は、身体が疲れず、時間もかかりません。

そうじ道具について

私のそうじ道具はとてもシンプルです。
これまで多くの便利な道具を買って試してみましたが、雑多なアイテムはかえって時間も手間もかかることがわかり、今では、「汚れる前に」キレイにするためのシンプルな道具が中心です。
もちろん手が最高に便利な道具ですから、手が上手に使いこなせる“最適で最低限”の種類のそうじ道具だけを揃えています。

あれば便利なものをご紹介しましょう。

▶掃除機

音が小さく、重くなく、扱いやすいモノが一番です。
掃除機は、ゆっくりと時間をかけ、床やじゅうたんの目に沿ってかけましょう。1分で掃除機をかけるためには、部屋中に掃除機をかけるのではなく、汚れやすい場所を中心に、かける場所を“分割”することです。

掃除機をかけるときは部屋の換気も気をつけます。窓を開けたり、換気扇を回したりしましょう。

▶ほうき

小さなほうきがあると便利です。掃除機を出すまでもなく、汚れたらすぐ対応できるからです。手軽に使えて、手入れもカンタンなモノを選びましょう。私は、収納場所・手入れも考え、外用に洗えるほうきを、室内用には荒神ぼうきをそれぞれ1本使っています。

ほうきの種類を参考までにご紹介しましょう。覚えておくと便利です。

★座敷ぼうき（草ぼうき）

昔からあるもので、ホウキキビの穂で作られ、和室（畳の部屋）用に使われています。

★シュロぼうき

関西出身の私は、こちらの別名、京ぼうきで子ども時代を過ごしました。関西で生まれたこのほうきは、シュロの皮で作られていて穂先がやわらかくて細いため、細かいゴミもよく取れます。継ぎ目のある今風のフローリングにも便利です。

★荒神ぼうき

テーブルの上、ソファやカーテンのホコリ取り、クローゼット、押入れの隅などのゴミやホコリを掃き出すのに重宝します。

▶タオル

そうじには欠かせないものです。私は縫わずに1枚のタオルを目的に応じて手に巻いたり、折りたたんで使います。縫う手間もいらず、使ったあとゆすいですぐ干せば乾きも早いのでクリーンで便利です。

拭き方にもいろいろあります。

★洗剤拭き

薄めた洗剤液に浸し、しぼり方を調節して使います。または、濡れたタオルに洗剤をスプレーして使っても便利です。こうすれば、汚れの程度によって洗剤の量を調節でき、洗剤の無駄使いも防げます。スプレーボトルはシャンプーなどの空きボトルを利用してもいいですね。

★水拭き

タオルを水に浸してしぼって使いますが、しぼり方がポイント。水分を嫌う材質の場合は固く、汚れがひどい場合はゆるくしぼるなど調節します。

★カラ拭き

水気を嫌う電気製品やオーディオ機器などは、乾いたタオルでホコリを払うように拭きます。

▶その他あると便利なもの

★軍手　ブラインドや便器など指先で細かいところを磨けます。

★大小スポンジ　小さいモノはキッチンの油汚れやシンクの水あかなどを磨きます。大き目のモノは、バスタブなど広い場所に。

★ガムテープ　じゅうたんの毛の中に入り込んだ毛髪やペットの毛などを取ります。

★ゴム手袋　手荒れ予防。汚れた場所を直接触りたくないときに。

★バケツ　タオルを洗ったりつけたり、そうじ用の水を運んだりします。

第2章

場所別　1分そうじ

さて、あなたの心も環境も整ったところで1分そうじのスタートです。

1分そうじに代表されるような「クイックそうじ」の基本は、なんと言ってもムダな動きをしないこと。汚れが取れたら手を止めること。そうじの動作は一種類、と決めておくことも大切なポイントです。これを繰り返すことで、「1分そうじのテクニック」が自然と身につくようになります。

たとえば拭きそうじの場合、一度では拭き足りなくても、せいぜい4、5回くらいで止めておきましょう。すべてのそうじの単位は“1分”以内なのですから。汚れがうまく取れなくても、「拭かないよりマシ」と言い聞かせ、次の機会にまた同じ動作を繰り返しましょう。たいていの汚れは、続ければ取れるものです。

「キレイになっていないから」と、汚れに未練を残し、いつまでもパーフェクトを目指すのをやめましょう。汚れに真剣に向き合えば、ますますそうじが嫌いになります。心も身体も楽しく、“そこそこのきれいさ”を目指すそうじが、快適な暮らしを約束してくれるのです。

さて、どこから始めましょうか

まず、あなたの気になる場所はどこでしょうか。キッチンでもトイレでもリビングでも、今、頭のなかでキレイにしたい場所からスタート！　特別な準備は必要ありません。

“1分そうじ”成功の秘訣は、「自分が行動する場所を、ついでにキレイにする」という習慣を身に付けることです。

毎日でなくてもいいのです。あなたの暮らしのなかでできることや方法を、頭でなく、手に覚えさせることがポイントです。バスタブにつかっていたとき、トイレを使ったあと、キッチンのシンクで野菜を洗っていたとき、出かけるとき……。あなたの行動する場所でできる1分そうじの方法は、面白いように見つかるはずです。

では、私が見つけた「場所別1分そうじ」をご紹介していきましょう。

ベッドルーム

朝起きたら、すぐに窓を開けます。天気のいい日は出かける前まで、雨や雪の日でも、嵐でなければ5分くらいは開けましょう。寒い日は窓の開閉は少なめに、暖かい日は多めにといったふうに、そのときの天気によって調節しましょう。

ベッドルームも睡眠中の汗や息で空気が汚れているのです。部屋をいつもキレイに保つためには、部屋の換気がとても大切。そして何よりも、今日1日がんばるというやる気のためにも、外の新鮮な空気を部屋だけでなく身体にも入れることが大切だと思うのです。

ベッドメイキングのあと、

①床に掃除機をかける

私は、髪の毛やホコリがカンタンに取れる手動の掃除機を使っています。ベッドまわりだけですから1分くらいで終了します。

②読みかけの本や雑誌を揃え、昨日の新聞などを、袋に整理する

これも大体1分以内です。

また、私は部屋を出る前、頭と身体をはっきりとさせるために、必ずお手玉をするのが習慣で、それらをナイトテーブルに載せています。

③ナイトテーブルを、乾いた小さなタオルではたくように拭く

これは10秒もかかりません。

そのほか、1分でできるものを紹介しますと、

④サイドランプを乾いたタオルで拭く

⑤机の置物をタオルではたくように拭く

⑥ソファの背もたれに付いたホコリを乾いたタオルではたくように拭く

⑦ドアノブを乾いたタオルで、2個（外と中）拭く

⑧ドアのホコリを乾いたタイルではたくように拭く

⑨ドレッサーの鏡のホコリを乾いたタオルで拭き、ついでに鏡の枠も拭いておく

⑩化粧品などのビンや容器をティッシュパーパーで拭いておく

⑪ハンガーにかかっているモノを整理する

⑫ベッドカバーなどのベッド用品を交換する

⑬ベッドの背もたれに付いたホコリを乾いたタオルで拭く

まだまだあなたのライフスタイルに合わせて見つけ

ることはできそうです。ただ、最初に1分ありきですから、それ以上時間がかかるものは、エントリーさせないでください。逆に、10秒しかかからないものを6個やったり5秒のそうじを12個組み合わせるのはOK。

「ああ、こんなものもあった、これもできる！」と、“1分そうじ”を探すことを楽しんでください。小さなそうじをやっているうちに、いつのまにか気がつけば部屋中が、小ぎれいになることが目的です。

洗面所

どんな人も毎日かならず使う場所で、いつも清潔にしておきたい場所。だから、ぜひ“1分そうじ”のクセをつけておきたいものです。

①洗面台のボウルの中は、使ったあとの水滴を利用して乾いたタオルで磨くように拭く

くもりがちなボウルも、このそうじをくせにしてしまえばいつもピカピカです。

②蛇口付近は、乾いたハンドタオルで拭く

歯磨き粉を少し付けて磨くように拭くと、汚れもすっきりします。

③洗面台まわりを、水で固くしぼったタオルで拭く

　このとき、化粧品のビンやスプレー容器の底も拭いておきましょう。使っていない化粧品、ヘアケア用品などは処分します。そうじと同時にそこにあるモノをチェックし、整理する習慣は、1分でできることが多いのでぜひ習慣にしてしまいましょう。

④排水口の髪の毛やゴミを取り、磨く

　髪の毛やゴミが排水口にたまると、水やお湯がスムーズに流れなくなり、異臭の原因にもなります。手か割り箸にタオルを巻きつけ、クレンザーを付けて軽くこすります。仕上げは熱いお湯を流します。

⑤洗面台の棚を拭く

　化粧品などを置いた棚は、気がつかないうちにホコリがたまっています。棚が何段もある場合、1回に1段ずつと決めましょう。

トイレ

　トイレのような狭い空間は、モノをあまり置かないように気をつけます。ホコリや便などの汚れが付きやすく、そのぶんそうじの範囲が広がり、時間も労力もかかってめんどうだからです。タンクの陰など見えにくいところにゴム手袋を常備し、「汚れが嫌にならない」ための準備もしておきましょう。

またマットやカバーは余分なものは置かないことが基本。カバー類は、1週間に一度は取り外し、洗ったモノと交換しましょう。

①便器の内側を磨く

水を流した後、柄つきタワシで、見えないところも磨いておきます。これだけで、水あかが表面に付くのを防げます。

②お湯で固くしぼったタオルで便器の外側、中蓋などを拭く

これだけでニオイの原因が防げます。

③お湯で固くしぼったタオルで床を拭く

スリッパの裏も忘れないで。

④便器の横の壁を拭く

便器が置いてある左右の壁も汚れやすいところ。お湯で固くしぼったタオルで左右の真横を中心に拭きます。

⑤壁の上部のホコリを払う

壁の半分から上は、ホコリを払うだけで十分。乾いたタイルを使うとカンタンです。ホコリは上に集まります。

⑥天井のホコリを払う

狭い空間の天井は、ホコリの温床です。天井は、化学はたきか乾いたタオルで軽くたたくようにホコリを払います。

⑦照明器具を乾いたタオルでたたくように拭く

⑧窓を開けたり、換気扇を回す

換気を十分にすることで、ホコリや汚れがたまりにくくなります。

バスルーム

バスルームこそ、あなたの心と身体のビューティーを磨く大切な場所です。汚れが重なって目も当てられない状態だけは避けましょう。ここでは「ここだけは押さえておきたい、ピンポイント1分そうじ」をご紹介します。

① “光りモノ” を拭く

そうじのプロが、“光りモノ”と呼ぶ蛇口、シャワーのノズルなどを、タオルの一方を少し濡らして磨きます。仕上げは、タオルの乾いた部分で磨くように拭きます。光りモノをピカピカに輝かせることで、部屋全

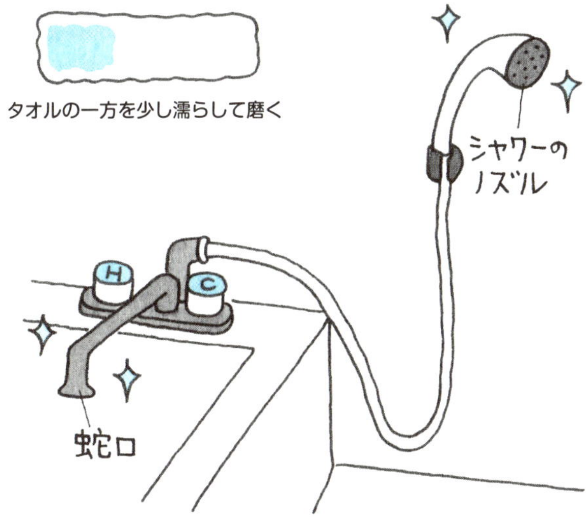

体がかなり美しく見えることは、すべてのそうじの仕上げの共通ポイントですから忘れないでください。

②シャワーや蛇口のまわりの壁に熱いシャワーをかける

光りモノのまわりの壁は汚れていませんか。建材は、タイル、ビニールクロス、コンクリートなど種類はいろいろ。まず熱いシャワーをかけます。これだけで、かなり汚れが取れ、さっぱりするはずです。熱いお湯で取れない汚れは、やわらかいスポンジかタオルで円を描くように拭きます。くれぐれも“数回磨くだけ”ということを忘れないでください。

③バスタブの縁を拭く

　バスタブの縁に湯あかがこびりついていませんか。まず、お湯でゆるめにしぼったタオルで磨くように拭きます。数回繰り返すうちに、どんどん目立たなくなります。これで完全に取れなくても、かなり汚れが薄くなったはず。この動作を別の機会に何度か繰り返しましょう。

④バスタブの内側を磨く

　熱いシャワーをかけ、タオルで磨きます。汚れがひどい場合、タオルにボディシャンプーかバス用洗剤を付けて磨きます。あとは熱いシャワーをかけ、乾いたタオルで拭きます。

⑤ドアの両面を拭く

　ドアは、熱いお湯でしぼったタオルを使い表裏全体を拭きます。特にドアの下半分は、水しぶきや石けんカスで汚れているので、全体を拭きながらチェックをします。ドアの汚れがひどい場合、バス用のスポンジにボディシャンプーを付けて磨きます。あとは、熱いシャワーをかけましょう。

⑥排水口をこする

　まずゴミを取り除いておきます。熱いシャワーを流してから、スポンジでこすります。汚れがひどい場合、固めのスポンジにボディシャンプーを付けて磨きます。最初は多少時間がかかっても（5分くらい）次回からこまめにシャワーをかけて拭けば、それからは1分あれば十分。

⑦カビ対策

カビを見つけたら、すぐ熱いシャワーをかけます。タイルの目地には、強めのシャワーをかけます。ガンコなカビは、目立つ場所を中心に歯ブラシにボディシャンプーを付け磨きます。許された時間は“1分”ですから、「場所を決めて少しずつ」が成功へのカギです。また頻繁に換気扇を回し、窓を開けましょう。これだけの“数十秒の動作”で、カビを防止することができます。

浴室のように体力のいる場所で使うそうじ道具は、タオルは縫わずに1枚で、スポンジは手が少し余るくらいの大きさのモノが便利です。タオルは、折ったり、手に巻いたり自由自在。スポンジは1回の動作で広範囲をキレイにできます。

キッチン

キッチンは、調理中に出る油煙やニオイ、流し台まわりの水あかや湯あか、そしてカビなど、汚れの種類が混在しやすい場所です。汚れがひどくなると「どうしていいかわからない」くらい大変なそうじ場所になってしまいますね。さて、あなたのキッチンの汚れはいかがでしょうか。汚れがひどい場所から手をつけることがベストです。

①調理台を拭く

お湯で固くしぼったタオルで何も考えずに拭いてみましょう。拭いたあとのタオルの表面を見て“びっくり！” かなり汚れていませんか。この数秒の動作を１日１回繰り返すだけであなたの調理台は次第にキレイになっていくはずです。また、すでにお話ししたように、調理台にはなるべくモノを置かないようにしましょう。気がついたとき、いつでも“サッと”拭けるからです。

②棚・食器棚を拭く

レンジ台まわりにある棚や食器棚は、油とホコリが付きやすい場所です。ベタベタ汚れになる前に、濡れたタオルで拭きましょう。ものの1分もかかりませんので、毎日手が覚えるようにすればベストです。ひどい油汚れは、濡れたタオルに台所用洗剤を付け、磨くように拭きます。

③レンジ台を拭く

1回の調理でも汚れる場所です。使ったときはもちろん、気がついたときは、コンロ1口だけでも濡れたタオルで拭きましょう。3口ある場合は、汚れがひどいものから順に時計回りで1口ずつ拭く習慣を持ちましょう。この動作を1日1回繰り返して、4、5日経てば、“1分”で3口くらいは十分に拭けるようになります。汚れが軽くなるのと、あなたの手が慣れて手早くなるからです。

④シンクを磨く

濡れたタオルに台所用洗剤を付けて、磨くように拭いてみましょう。これだけで気になる湯あかや水あかが見違えるほどキレイになります。

⑤蛇口を磨く

濡れたタオルで磨くように拭き、あとはカラ拭きします。2回目からは、シンクを使うたびに乾いたタオルで拭くだけです。「汚れ」が気になれば、シンク同様、濡れたタオルに台所用洗剤を付けて磨くように拭きます。仕上げはカラ拭きします。

⑥床を拭く

レンジ台まわりを中心に、お湯で固くしぼったタオルで拭きます。ベタベタした黒ずみは、タオルに台所用洗剤を付け、丸く磨きます。あとはお湯拭きします。

⑦冷蔵庫の外側を拭く

お湯でしぼったタオルで拭きます。手あかが付きやすいドアの取っ手まわりを中心に。

⑧キッチンの壁を拭く

お湯で固くしぼったタオルで、下から上に拭きあげます。レンジ台まわりの壁は、油煙や飛び跳ねた油などで、汚れが上から下に流れるように付いているからです。汚れに逆らって拭くと、手の力も少なくてすみます。1分あれば、レンジ台まわりの壁はラクラク拭けるはずです。

⑨換気扇を拭く

外側をお湯でしぼったタオルで拭きます。

キッチン1分そうじの心がけ

- 調理の煮こぼれはすぐ拭く
- シンクの水滴は付いたらすぐ拭く
- オーブンや魚焼きグリルは、まだ熱いうちにサッと水洗いし、ニオイが残らないようにスポンジでこする

リビングルーム

リビングは、テレビを見たり音楽を聴いたり、1日の疲れを癒してくれる大切な場所です。だからこそ、いつも清潔にしておきましょう。

汚れの中心は、手あかとホコリ。キッチンとワンルームでつながっているリビングも多くなりましたので、お鍋料理などの油煙による汚れもあります。

まず基本として、食事がすんだら、食卓の食器などはすぐに片づけましょう。さっさとシンクや食器洗い機に入れます。大き目のボウルを用意し、その中に汚れた食器をとりあえず浸けておくだけでも、食器洗いの時間が半減します。同時に、テーブルの上を拭いておきます。余談ですが、テーブルの上に食べ物が載っていると、ついつまんだりしてダイエット効果が薄れるそうですよ。

①テーブルの下を拭く

できれば食事のあとすぐ、手動の掃除機で汚れを取ります。ダイニングルームでは、特に食卓の下に汚れが集中しているからです。お湯でしぼったタオルで、椅子とテーブルの下だけを拭きます。食事中にこぼした飲み物や食品かすなどは、タオルで包むように拭きましょう。これで、かなりさっぱりとキレイになります。

②ソファや椅子の下を拭く

お気に入りのソファや椅子などの下も、お湯でしぼったタオルで拭きます。飲み物や食材のあとは特に念入りに。フローリング、じゅうたん、カーペットなど建材の種類によって汚れの付き方が違います。

フローリングは、掃除機やホウキでホコリをとります。気になる汚れは、濡れたタオルで拭くとキレイになります。

ウールのじゅうたんは、汚れが毛にしみ付いている場合があるので、おそうじ用か台所用の洗剤を付けたタオルで、汚れの部分をたたくように拭きます。染み抜きと同じで、付いたらすぐ取るのが基本ですが、古くなってしまった汚れは、一度に取ろうとしないこと。1分以内の“たたき拭きそうじ”を繰り返せば、自然と薄く目立たなくなります。

移動できる部分敷きカーペットは、外に出し、ホコリをたたき出します。洗えるモノは、洗濯機で洗えばカンタンです。部分的にこびりついた汚れは、タオルを巻いた歯ブラシで「ポンポン」とたたくように拭きます。毛足の長いモノは、強くこすると表面が磨耗しますので、1分以内でストップ。集中は禁物。取れなくても「少し薄くなった」と考え、むしろ、「付いた汚れは、すぐ取る」スタイルを守ることが大切です。仕上げは、汚れのまわりをぼかすように拭いておきましょう。

③ソファの汚れを取る

ソファには、手あかやホコリが付いています。台所用洗剤液で固くしぼったタオルを使って全体を拭きます。縫い目に入り込んだゴミやホコリも、タオルを指に巻きつけるとラクに取れます。

人工皮革の椅子やソファは、お湯で固くしぼったタオルで拭きます。ガンコな手あかは、濡れたタオルにクレンザーを付けて軽くこするように拭きます。仕上げは水拭きします。

革製は乾いたタオルでホコリを取ってから、専用クリーナーを使いましょう。

玄関

狭くても広くても、あなたの暮らしの第一印象を決める場所です。ポイントはすっきりとキレイに。玄関が汚れやモノで乱れていると、あなた自身の疲れも倍増しませんか？　私は、帰宅したときに、外の疲れがどこかに飛んでしまうような玄関をいつも目指しています。

①玄関のドアを拭く

ホコリや泥で汚れていませんか。乾いたタオルではたきながら拭きます。ついでに表札のホコリもキレイにしておきます。順番は、他人が気になりやすい外側が先。そのあと内側です。

②たたきを掃く

ホコリや泥汚れは、ほうきで掃きます。近くにそうじ道具を置いておけば、すぐ取り出せ、心の負担が少ないものです。もしそうじ用具を置いておく場所がない場合は、古いＴシャツやタオルを濡らし、汚れを包むように拭きましょう。

③傘たてを整理する

中には必要以上の傘がホコリをかぶって入っていませんか？　整理して使うモノだけにするのも立派な「1分そうじ」です。余分になった傘は、まだ十分使えるものは人に差し上げたり、また近くの公共施設や駅に寄付したりすると喜ばれます。

④下駄箱の上や扉を拭く

お湯でしぼったタオルで拭きます。扉の取っ手まわりに付いた手あかは、丸く円を描くように拭きましょう。張り付いている脂汚れは、直線で拭くより、何度か往復しながら丸く拭くほうが取れやすいのです。

拭きながら扉を開けて、空気を入れ替えましょう。

そうじの心がまえ 編

効率的な目線

ここで紹介する効率的な目線とは、そうじの仕上がりが、費やした動作の倍以上キレイに見える「効果をあげるための目線」です。
たとえば水まわりでは、そうじの効果をさらに高めるために“光りモノ”、つまり蛇口をピカピカに磨きましょう。そうじのあと、他人の目線で「キレイに見えるかどうか」をチェックすることは、とても大切です。

▶まず、換気を

そうじをするときは、まず窓を開けたり、換気扇を回したりしましょう。そうするだけで、汚れが外に出ます。
バスルームやトイレなど閉鎖的な場所のそうじ中は、身体のためにも換気を十分にしておくことが大切です。

▶水まわりと油まわりは別々に

汚れの性質の違う場所、たとえば水まわりと油まわりは同時にそうじしないこと！　キッチンでは、レンジ台は油まわり、シンク付近は水まわりと、それぞれ汚れの性質が違います。汚れを取る目的は一緒でも、水と油のまったく違った汚れは、そうじの動作が違うので身体が疲れます。
油まわりと水まわりのそうじは別の日に行うようにしましょう。

▶そうじ道具は、シンプル・イズ・ベスト

そうじ道具はできるだけシンプルなモノを選びましょう。そうじに一番適しているのは、あなたの手なのです。ですからほかに道具を使うなら、手が扱いやすい、カンタンなモノがベスト。それに1つの道具でできるだけ多くの汚れを取るようにすれば、収納にも場所をとらなくてすみます。
タオル1枚でも、折りたためば床も壁も拭けますし、手に巻きつけて磨けばブラシやスポンジの代わりにもなります。

▶1カ所に集中し、パーフェクトを目指さない！

そうじを始めたら、まわりの汚れが次々と気になって、気がついたら長時間そうじを続けて身体もぐったり。こうなると、当分そうじはしたくないということになりがちです。そうならないためにも1カ所に集中するそうじを心がけましょう。
そしてそうじする場所を決めても、パーフェクトを目指さないこと。ガンコな汚れを一度に取ろうとすれば、身体も疲れ、建材も傷みます。こびりついたひどい汚れは、ぬるま湯でふやかし、やわらかくし、何度かに分けて拭いたり、磨いたりしましょう。

COLUMN 2

そうじの心がまえ 編

第3章

モノ別　1分そうじ

あなたは、身の回りのモノを上手に使いこなしていますか。

モノを大切にするライフスタイルは、毎日の暮らしに潤いを与え、心を豊かにしてくれるでしょう。使い捨てではなく、慣れ親しんだモノを、いつまでも手入れをしながら使う生活は、本当の意味で豊かといえるかもしれません。

そのためにも、ふだんから無理なく自然に手入れをする習慣を持つことです。それには“気がつけばいつもピカピカ”な“1分そうじ”が一番。手と身体が覚えてしまうたった1分のクイックそうじの習慣は、アッというまに終わって、わざわざ「そうじをする」という心や身体の負担からあなたを解放してくれるでしょう。

気がつけば、あなたが使うモノ、目にする場所は、すべてそれぞれに手入れが行き届き、快適な住空間になっているはずです。

窓まわりの1分そうじ

窓ガラス

窓ガラス磨きの最適なタイミングは、雨が上がった翌日の午前中です。表面の汚れがゆるんでいるので、いつもより時間も労力もかかりません。とはいえバスルーム同様体力のいる場所ですから、1分以内でできるように工夫します。

1回に、畳の大きさ1枚を目安に行います。タオルを手がちょっと余るくらいの大きさ、8分の1に折って、中だけを濡らし、横に直線に拭いていきます。タオルの中を濡らすのは、窓ガラスにタオルの毛羽を付けないためです。

同じ箇所を何度も拭かないように、拭いた箇所を1ミリ程度重ねながら往復する要領です。

何度も同じ場所を拭かないようにしましょう。

網戸

化学はたきでホコリをまめに取りましょう。はたくだけなら、表裏行っても1枚1分ずつですみます。網戸はデリケートなので、一方からだけの力がかかり過ぎないように軽くはたくのがコツです。

汚れがひどい場合、レールブラシに濡れたタオルを巻きつけ、網目に沿って軽く掃くように拭きます。これでかなりさっぱりします。片面につき、１分くらいが目安です。

サッシ

サッシブラシや古い歯ブラシに濡れたタオルを巻きつけ、こするように拭きます。

汚れをタオルに移すような要領です。慣れて手がスムーズに動くようになれば、畳大の大きさの窓ガラスのサッシなら､1枚１分で拭くことができるでしょう。

テーブル＆ソファの１分そうじ

テーブル

ゆったりとくつろいでいるとき、テーブルのホコリを乾いたタオルで拭きます。テーブル掛けの下のホコリも拭いておきます。

ソファ

布製のソファは、ホコリや手あかが付いています。お湯で固くしぼったタオルで拭きましょう。気になる汚れやしみは、濡れたタオルを指に巻きつけ、たたくように拭きます。一度に取れなくても、汚れはかなり薄くなるはずです。

また合成皮革のソファには、手あかが付いています。お湯でしぼったタオルで磨くように拭きましょう。特に背もたれや肘掛などを重点的に拭きます。

革製のソファは、専用のクリームを乾いた布かタオルに付けて磨くように拭きましょう。タオルに汚れを移す要領です。仕上げはカラ拭きします。

リビングの１分そうじ

コンセントやスイッチまわり

あなたの家を訪れたゲストが気になる箇所。それはコンセントやスイッチまわりのホコリや手あかの汚れです。リビングやキッチンにあるスイッチは、油煙による油汚れが付いて、知らないうちにベトベトした汚れになっています。ゴム手袋をして、その上に軍手をはめ、指先に固形石けんを付けて磨きましょう。

仕上げは、同じようにほかの指を使ってカラ拭きします。この方法は、石けんのニオイが部屋に広がり、ルームコロンの役目もしてくれるのでおすすめです。

ドア

見えない手あかが付いていますので、中性洗剤を入れた水でしぼったタオルを使って拭きます。

1枚のタオルを8分の1くらいにたたんで使います。拭くときは腕全体を使い、ドアノブまわりを中心に、大きく斜めに直線に拭くと、カンタンに早く作業がすすみます。

壁の汚れ

壁の汚れが気になりだしたら、まず水拭きできる材質かどうかを確かめましょう。

✦水拭きできる壁の材質の手入れ

ビニールクロス、合板、ペイントです。

台所用洗剤液で固くしぼったタオルを使い、壁の下方から上に向かって拭きます。畳1枚分の壁の広さで1分が目安。

✦水拭きできない材質の手入れ

白木、クロス、紙、漆喰、砂など。

ホコリをはたくだけにします。クロスなどの部分的な汚れは、消しゴムを使って軽くこすります。その部分だけが白くキレイにならないよう、まわりをぼかしながらこすります。

テレビ＆オーディオ機器まわり

テレビやオーディオ機器などは、電源を入れる前に、表面を乾いたタオルで拭きましょう。電気機器は熱を帯びて静電気を起こしやすいので、ホコリや汚れを引き寄せます。見た目はキレイでも、見えない汚れがたくさん付いているのです。また精密機器はホコリに大変弱いですから、１週間に２度くらいは拭きそうじを心がけましょう。

いつもキレイなテレビの画面は、インテリアとしても部屋を明るくしてくれます。また、たまには機器の後ろ側の汚れもチェックします。

ランプ

手元を照らす照明器具として、インテリアとして、壁際のサイドテーブルに小さなランプを置く家庭が増えています。部分照明としてのランプは、部屋に奥行きを与える効果もあって便利で合理的ですが、ついついホコリがたまりがちです。

週に一度くらいを目安に、電源を入れる前、乾いたタオルで傘や全体をはたくように拭きます。電球のホコリも同時に拭いておきましょう。いつもそうじが行き届いたキレイなランプの明かりは、さらにあなたの部屋を美しく照らしてくれることでしょう。

コーヒーテーブル

椅子やソファに座ったとき、目の前のコーヒーテーブルが汚れていたらくつろぎタイムが半減しませんか。汚れの主なものは、飲み物などがこぼれた跡、ホコリ、そして手あかなど。3日に1回は、お湯で固くしぼったタオルで拭きましょう。できればテーブルマットの下もキレイに拭きます。汚れがひどい場合は、台所用洗剤液で固くしぼったタオルを使って、汚れた部分を中心に拭きます。置物やテーブルマットも乾いたタオルではたくように拭いてください。

インテリアグッズ

ドライフラワーや人形、ぬいぐるみなど部屋を飾るグッズには、ホコリや油煙などで汚れがたまっています。月に一度くらいを目安にホコリを払いましょう。すべてのグッズを一度にキレイにするのは大変なので、毎回一点ずつを選びます。

ドライフラワーなどは、乾いたタオルで軽くたたくように表面のホコリを払います。壊れやすい陶器の置物などはお湯で固くしぼったタオルで拭きましょう。ぬいぐるみは、台所用の洗剤液で固くしぼったタオルで包むように拭きます。

キッチンまわりの１分そうじ

換気扇

換気扇というと、ガンコな油汚れでそうじがめんどうな場所と考えがちですが、１分でもできることはたくさんあります。

フード型もプロペラ型も、お湯でしぼったタオルで、外側全体を拭きます。このとき、網もプロペラも取り外しません。電源は必ず切っておきましょう。これだけで油汚れやホコリの混じった複雑な汚れを取ることができます。

ポイントとして、こびりついた汚れは、一度に取ろうとしないこと。ぬるま湯でゆるめにしぼったタオルで何度か繰り返し拭くうち、汚れがゆるんできます。１分そうじの繰り返しは、いつのまにか汚れが撃退できる“マジック”なのです。

食器棚

食器棚は、外側にホコリや油煙、手あかなどが付いています。扉は、お湯で固くしぼったタオルで拭きましょう。ガラス戸は、乾いたタオルで手あかを中心に拭きます。食器が並んでいる内側の棚は、食器を出し入れするとき、お湯で固くしぼったタオルで拭くと食器の跡などが取れ、ニオイ防止にもなり、さっぱりします。

扉つきの食器棚は、カビ予防のため、ときどき扉を開けて、空気の入れ替えが必要です。「1分そうじ」はカビ防止までを兼ねた優れたそうじ方法です。

バスまわりの１分そうじ

最近は、浴槽の素材の種類も多様で、素材別の手入れポイントも異なります。気になる汚れを取り上げてみました。

ホーロー浴槽

付いた傷は汚れが入り込んで黒ずみやサビの原因になります。傷が小さいうちに透明のマニキュアを塗って、表面をカバーしておきましょう。傷の広さにもよりますが15センチ以内なら１分仕事です。傷だけに塗るよう、美的に丁寧に。

プラスチック浴槽の黒ずみ

黒ずんだ汚れが傷に入り込んでしまったら、クレンザーをやわらかいスポンジに付けてこすります。あとはよく水洗いします。

ステンレス浴槽のサビ

かみそりの刃やヘアピンの置忘れが原因で、鉄サビが付きます。クレンザーかバス用の洗剤をやわらかいスポンジに付け、磨きます。漂白剤はくもるので使ってはいけません。

バスタブのフタ

ヌルつきやカビの温床になりやすいので、水気をいつも気にしましょう。凹凸の隅の水分もよく拭きます。

チェーンや金具まわり

乾いた古歯ブラシに練り歯磨きを付けてこすると細かいところまでピカピカになります。シャワーのノズルの目詰まりもこれで解消します。洗面台や風呂場の蛇口も同じようにしましょう。

鏡の1分そうじ

あなたの部屋には鏡がいくつありますか。自分の姿を映すだけでなく、部屋を広く見せるためにも、鏡は重要な役割を果たしてくれます。

でも、その鏡がホコリでくもっていたら……。ガラスでも鏡でも透明感のあるものは限りなく透き通っている状態が、部屋を美しく見せるコツなのは言うまでもありません。あなたが鏡に顔や姿を映したときが、汚れをチェックするチャンスです。乾いたタオルでホコリを払っておくだけでずいぶんキレイになるでしょう。

こびりついた汚れは、昔ながらのピンポイント作戦。汚れの部分にあなたの息を「ハーッ」と吹きかけ、汚れをゆるませてから、乾いたタオルを指先に巻きつけ丸く拭きます。あとは鏡全体を拭いておきます。

ドレッサーの1分そうじ

ドレッサーは、化粧品や小物類の出し入れや、水分・油分によって余分なホコリを背負い込む場所です。

化粧品類

使ったときに、フタのまわりやボディ全体をティッシュやコットンなどで拭いておくだけでいつでもピカピカをキープできます。ドレッサーの台は、気がつかないうちに、乳液やクリームなどで汚れていますので、使うたびに拭く習慣をつけましょう。

鏡

付いたホコリは、乾いたタオルではたくように拭きます。このような1分そうじを習慣化してしまえば、あなたのドレッサーはいつもキレイで清潔です。あなたの美人度も、きっとかなりアップするでしょう。

ベランダまわりの１分そうじ

手すり

お湯で固くしぼったタオルで拭きます。1メートルくらいで30秒が目安。

ベランダの床

濡らした新聞紙をちぎってまき、ほうきで掃いて集めます。畳2枚で、1分が目安です。

上手な整理術

「モノ別そうじ上手」になるには、部屋が整理整頓されていることが大切。まず部屋を片づけることが大前提です。

片づけるといっても、今日はキッチンの引き出しの中、明日はクローゼットの中などと、小分けにして行うのがうまくいくポイント。どんな人でも一度にすべてをキレイにするなんて、いくら時間を持て余していてもできることではないのです。ほかに楽しいことがいっぱいあるはずですから。

整理整頓の目的は、あなたのそうじ時間を減らすこと。あなたのしたいことができ、幸せなライフスタイルを確立することなのです。

仕分けをする習慣

あなたがもし、部屋が狭くて困るとぼやいているなら、それはモノが多すぎるからです。あなたの収納スペースに対して、モノの数は合っていますか？

また私は、キッチンやリビングなどそれぞれの場所の役割を第一に考えます。キッチンは、食事を作って片づけるところ。あなたのキッチンにはそれ以外のモノが、所狭しと転がっていませんか。私の場合、料理をしながらたまには本を読んだりしますが、かといってキッチンにやたら本を置きません。

あなたのライフスタイルに合わせて、いるモノいらないモノをハッキリと区別し仕分けをする習慣を持ちましょう。まず紙袋にいらないモノを入れるところからスタートしてみてください。

手早く片づける習慣

整理整頓は、ダラダラが禁物です。一瞬で“パッ”と場所を決めて片づけるクセをつけることです。それには、「今から１分後に来客がある」などと想定して、自分を奮い立たせてみることです。

１分で何ができるか。こまめに分けた１分そうじや片づけを何個か組み合わせれば、20分あまりで素晴らしい結果が待っているでしょう。

このような習慣は、あなたの暮らしにメリハリを付けます。これまでお話しした１分そうじをあなたらしく組み合わせてみてください。この習慣は、そうじだけではなく、すべての家事を手早く上手にこなす“道”に通じるものがあります。

積み上げ方式

この方法は散らばっているモノを、「いらないモノから」積み木のように積み上げるだけ。カンタンなので、子どもたちでもできます。

本とか雑誌、食器、衣類など種類別に積み上げていくだけで、部屋中がすっきりと片付いて見えます。そして、何日も使わないまま下に積んだモノは、処分の対象とします。

動くための整理整頓

ビジネスの世界では、うまくいった仕事の80％以上は、準備と手順の成果だといわれます。事実、ビジネスと家事の世界を行き来している私の経験でも、“考えてから動くこと”が重要です。

靴を磨く場合に、靴クリームとブラシやクロスがセットになって靴のそばにあると便利です。そうじ道具もいつでもすぐ取り出せれば、そうじがカンタンでスムーズにできます。このように、生活まわりの整理整頓術は、動きやすいような環境整備を考えることが重要なのです。

整理整頓のための自問

「どうしても整理整頓できない」「モノにはすべて愛着があるから」と思い込んでいませんか。1分そうじにはまず整理整頓が必要なのはわかっているけど「モノへの執着癖が直らない」人にも付ける薬はあります。モノを整理整頓する前に、あなた自身に自問する方法が効果的です。

①これは本当に必要かどうか

「いつか使うだろう」、ではなく今、この1週間以内にいるかどうかです。もし、仮に1カ月後「あればよかった」と思うことがあっても、命までなくなるわけではないのであきらめること。私は、いつもこのように考えるようにしています。

②最後にいつ使ったかしら

私の経験から言っても、衣類の場合、1年以上使わないモノは将来ほとんど着ることがありません。そこで、好きで大切なモノを残しあとは処分します。収納場所は、70%をキープし続けることが生活目標です。

③同じものは1つプラススペア

特にキッチンのお鍋やフライパンなどは、同時に3個以上は使えませんね。同じモノをいくつも持っていると手入れも場所も余分に必要です。本当に同じモノが何個も必要かどうか考えるクセをつけましょう。

モノは少なければ少ないほど、気持ちも手入れも軽くラクになります。

いつか使うかも…
1年以上
着てない服
新色の
限定品
ホントに
必要？

そうじの時間編

家事、とくにそうじには時間をかけないことがスマートな暮らし方です。ダラダラと長時間続けたからといってキレイにうまくいくとはかぎりません。時間を短く設定し、決められた時間内にやってしまうという習慣を身につけましょう。
仕事も同じで短時間にやったほうが集中力も増し、効率的に処理できるはずです。
自分の暮らしのなかで、そうじのルール作りをやってみましょう。まず、あなたの生活・行動を客観的に見つめなおし、自分に合ったメリハリがあるルールを作るのです。

そうじにかかる時間を見直す

あなたの、そうじにかかる時間はどのくらいでしょうか。窓ガラス１枚拭くにしても、窓の大きさや環境によって変わりますね。また、動作の速い遅いなど個人差もあります。
さあ、今のあなたの環境における、場所別そうじ時間の目安を作りましょう。まず、キッチンでするそうじ時間を測定してみます。タイマーを使ってゲーム感覚で測定してみるのです。

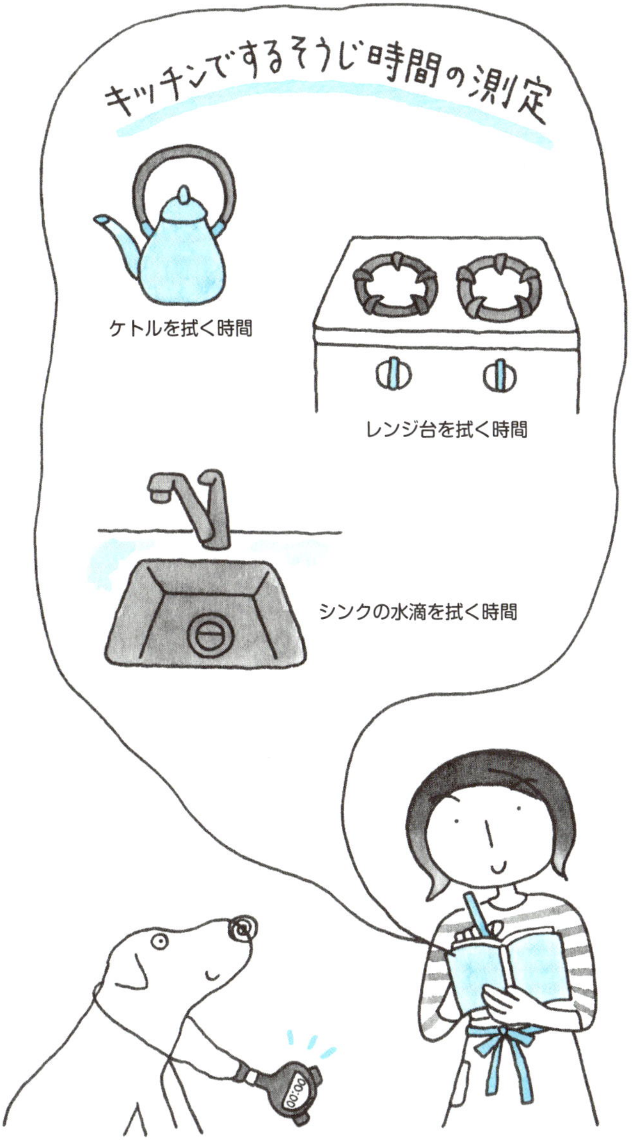
キッチンでするそうじ時間の測定
ケトルを拭く時間
レンジ台を拭く時間
シンクの水滴を拭く時間

ケトルを拭く時間は？
レンジ台を拭く時間は？
シンクの水滴を拭く時間は？
などなど。
かかる時間がどのくらいかわかれば、その時間を短縮する方法もわかってくるでしょう。

日替わりプチそうじ

「ついで」「ながら」以外に、ライフスタイルに合わせた日替わりそうじメニューを作ってみませんか？
月曜から日曜日までの１週間、曜日ごとに、場所とすることを決めてみます。ただし、その曜日に何らかの都合で決めたメニューができなくても、「使ったときが手入れどき」や「ついで＆ながら」そうじをやっていれば問題ありません。メニューのクリアにはこだわらないこと。あくまで、あなたの生活が一番です。
日替わりメニューの場所と、重点的にチェックするテーマの例として、

月　リビングの日
　　（置物、テーブルの上、じゅうたん）

火　洗面所、トイレの日
（便器の外側、床、壁、カバー、タオル）

水　バスルームの日
（シャワーのノズル、天井、排水口）

木　玄関やベランダの日
（玄関ドア、たたき、ベランダの草花）

金　キッチンの日
（ガスコンロ、換気扇、流しの下）

土　インテリアの日
（テレビ、オーディオ、エアコン、家具、カーテン、室内観葉植物）

日　整理整頓の日
（冷蔵庫の中、クローゼット、下駄箱）

以上の日替わり場所メニューを、毎日の1分そうじの習慣にプラスします。どちらも、ポイントは1カ所1分以内。これを続けていれば、あなたの部屋はいつもキレイで、年末の大掃除いらず間違いなしです。

第4章

ライフスタイル別
1分そうじ

あなたの毎日の生活・行動をじっくり考えてみましょう。

どんなライフスタイルのなかにも、さまざまな１分そうじのチャンスが転がっています。あなたの行動パターンに沿って１分そうじを行えば、無理なく、いつのまにか部屋がキレイになって、それが保たれるはずです。

朝起きたら窓を開けて、部屋中の空気を入れ替えましょう。これは立派な“プレそうじ”なのです。

そしてあなたも深呼吸する。これも立派なプレそうじ。あなたの身体に新鮮な空気が取り込まれたことで、「今日一日、がんばる」エネルギーが生まれてきます。身体の中をたった１分で、キレイにそうじができるのです。

朝起きてから夜寝るまでの行動のなかに１分そうじを見つける楽しみを持つだけで、あなたの暮らしが、今まで以上に充実すること間違いなしです。

1分そうじ　朝

朝、起きたら……

- すぐ新しい空気を部屋に取り入れ、外に向かって深呼吸します……20秒
- まわりのゴミをチェックしながらベッドメイキングをします……1分
- 掛け布団を取ってベッドの上に新しい空気を入れ、シーツを伸ばし、枕を整えます……1分

シーツも枕カバーも洗うタイミングをあらかじめ「週1回」とか「木曜日」などと決めておきましょう。

顔を洗ったら……

洗面所の水滴は、汚れの原因になります。

- 顔を洗ったら、洗面台のまわりに付いた水滴を乾いたタオルで拭きます……20秒
- 床に落ちたゴミや髪の毛なども気がついたときに取っておきましょう……10秒
- 蛇口も乾いたタオルで拭きます……10秒
- 鏡の下側の水滴も拭きます……20秒

いつでもすぐ拭けるよう、ふだんから乾いたタオルを近くに置いておくと便利です。

トイレを使ったら……

●使ったあと、すぐに便器の中を柄付きタワシでこすっておきます……10秒

こうすれば、内側についている“見えない汚れ”が退治でき、便器の中はいつもキレイです。

●スリッパの裏側を拭きます……10秒

●床に落ちているゴミや髪の毛などもチェックします……10秒

週に1回は、タオルや便座カバーの交換をします。

汚れが付着するとニオイの原因にもなります。

朝食のしたく・片づけをするとき……

●調理台の上をお湯で固くしぼったタオルで拭きます……20秒

朝、キッチンで一番にする仕事です。目立った汚れがなくても行います。クセにしてしまいましょう。

●お湯を沸かしたら、ケトルがまだ熱いうちに濡れたタオルで拭きます……20秒

毎日行うことで、いつのまにかピカピカのケトルに

なっていきます。

- 使ったレンジ台のまわりを濡れたタオルで拭いておきます……20秒
- 野菜や食器を洗ったあとのシンクの水滴を乾いたタオルで拭いておきます……20秒
- シンクのゴミ入れも洗っておきます……20秒
- キッチンの床を、お湯で固くしぼったタオルで拭きます……20秒

見えない油汚れがあるレンジ台の下や、水滴が飛び散っているシンクの下を中心に拭いていきます。

- 冷蔵庫のドアまわりを、お湯で固くしぼったタオルで拭きます……10秒

たったこれだけで、手あかがガンコな汚れになるのを防ぐことができます。

1分そうじ　出かける前

そうじは、出かける前、まだエネルギーが残っている元気なうちにすることをおすすめします。疲れたときのそうじは、労力も時間もかかり、心身の疲れが倍増するからです。

冷蔵庫の内外

お出かけ前の冷蔵庫１分そうじは、在庫をチェックできるので、出かけたついでにする買い物の参考にもなります。在庫管理とそうじを兼ねた一石二鳥の１分そうじです。

- 冷蔵庫の内側を熱めのお湯で固くしぼったタオルで拭きます……1分

庫内の食材はいちいち出さず、左右に移動させながら拭くとカンタンです。

- 取っ手付近を濡れたタオルで拭きます……10秒

キッチンの調理台＆レンジ台

火元の点検も兼ね、レンジ台まわりを拭いておきましょう。

- お湯で固くしぼったタオルで、レンジ台や調理台をサッと拭いておきます……40秒

このときに、ガスや電気の火元のチェックも同時にやっておけば、外出先で「電気やガス」の消し忘れの不安から解消され、安心して仕事や遊びに集中することができます。

外出するとき……

●玄関の靴を揃えます……20秒

疲れて帰宅したあなたの心がホッとするために、玄関をすっきりとキレイにしておくことは、とても大切です。

1分そうじ　おやすみ前

寝る前の１分そうじはとても貴重です。たった１分をどう使うかで、翌日のあなたの家事がずいぶんラクになるからです。この積み重ねは、あなたの部屋のキレイ度を保つためにも貢献してくれることでしょう。

テレビを見終えたら……

- 今日１日の終わり、テレビのスイッチを切ったあと、画面のホコリを拭いておきます……10秒
- ついでにテレビの置き台やホームシアターのホコリもチェックします……１分

これで、明日の朝のニュースも快適に見ることができます。

キッチンを出るとき……

- 食事も終わり、食器も洗い終えたとき、シンクの水滴を乾いたタオルで拭きます……１分
- 生ゴミ入れはゴミを取り、お湯を流しながら磨いておきます……１分
- スリッパの裏の汚れを拭きましょう……30秒

キッチン仕事のすべてが終わって、キッチンを後にするとき、お湯で固くしぼったタオルでしっかりと拭きます。汚れたスリッパを履いて部屋中を歩くと、汚れがあちこちに移動するので要注意です。

戸締りをするとき……

●玄関まわりの靴を揃え、たたきの汚れをチェックしましょう。ついでにマットを揃えておきます……1分

夜の歯磨きタイム

●寝る前の歯磨き後、洗面台の周辺に飛んでいる水滴は、乾いたタオルで拭いておきます……30秒

●ボウルの中の水滴も拭いておきます……20秒

●乾いたタオルで蛇口まわりをピカピカに磨いておきます……10秒

●乾いたタオルで鏡全体を拭きます……20秒

●床の髪の毛やゴミもトイレロールかティッシュペーパーで包むように取りながら拭き、キレイにしておきます……20秒

これで、朝の歯磨きタイムをさわやかに迎えることができるでしょう。

1分そうじ　こんなときにも

１日の暮らしのなかの、あらゆる行動のなかに“１分そうじ”のチャンスは散らばっています。料理をしながら、あなたの美を磨くついでに、音楽を聴きながら、電話しながら、など、自然に手や身体を動かせるチャンスがいっぱいです。

こういったそうじ方法は、仕事や育児などで時間の

ない人にはピッタリ。

「ながら」や「ついで」のそうじは、

①何かのついでにすること

②完全主義を目指さない

③汚れたらすぐキレイに拭く

④汚れを感じたらすぐ行動する

⑤気が向けばすぐ手を動かす

ことがポイントです。

トイレタイム

トイレを使いながら、自分で汚したところはキレイにしておきましょう。

●便座をアルコールのついた濡れティッシュで拭きます……1分

こうしておけば、ニオイの原因になる汚れも軽いうちに取れます。トイレを使いながら、床の汚れもチェックしましょう。こうした“使いながら”チェックは、いろいろなところをいつもキレイに保つコツです。

メイクアップタイム

あなたの美しさを磨きながら、同時に鏡もピカピカに拭いておきましょう。

●小さめの乾いたタオルかティッシュペーパーで鏡全体に付いたホコリをサッと拭きます……1分

●部分的な汚れは、その部分を中心から外に向け、円を描くように丸く磨きます……1分

テレビタイム

テレビを見ながら、まわりの床やじゅうたんに気を配りましょう。

●紙テープを手に巻いて髪の毛やホコリ、ゴミなどポンポン叩きましょう……1分

見えないホコリや髪の毛が面白いほど取れます。目はテレビを見て、手は床をたたくのです。

フローリングの床を歩きながら

●歩くついでに簡易モップをかけましょう……1分

1日1回のペースで、フローリングを歩くついでに、拭きそうじ用の簡易モップを動かしてみましょう。あまり広範囲に動くと疲れますので、あくまでも自分が動くスペースだけにかぎります。

汚れやホコリがたまりやすい壁際や出入り口のドア付近、テーブルの下などを狙って拭くのが効果的です。

じゅうたんの上を歩きながら

●歩きながら粘着ローラーを動かしましょう……1分

2日に1回くらいを目安に、カーペットやじゅうたんの上を歩きながら、粘着テープのついたローラーを動かします。ダイニングテーブルのまわり、椅子の下など汚れやすい場所を重点的にキレイにします。部屋にゲストを迎える前の習慣にしておくと、意外な汚れが見つかり、清潔な印象でゲストを迎えることができます。

テレホンタイム

電話をしているとき、あなたの目線はどこにあるでしょうか。注意をすれば、電話機のまわりには意外とホコリが多い、と発見できます。携帯電話やコードレスホンの「自由に移動できる」利点を生かして……

●空いた手にタオルを持って、ホコリや汚れを取ります……1分

もちろん、電話が長引いても1分以上ホコリ取りの作業は続けないこと。疲れてしまいます。

階段の上り下り

●手すりを拭きましょう……1分

階段を通るときは、タオルを持って手すりを拭きながら上り下りしてみましょう。階段は拭いたり掃除機をかけますが、手すりは意外な盲点です。

キッチンタイム

いつもラクラク、きれいなキッチンを保つためには、すべて“ついで”、“ながら”の1分そうじを心がけることです。

●ケトルを拭く……20秒

お湯を沸かした“ついで”、まだケトルに余熱が残っているうちに濡れたタオルで拭いておきます。ホコリや油煙でどんなに汚れたケトルでも、何度か同じ動作を繰り返していると、面白いほどキレイになります。いつもピカピカのケトルは快適なキッチンのシンボルです。

●レンジ台まわりをこまめに拭く……30秒

フライパン料理をした後、油や油煙は1メートル四方飛び散っていると思ってください。必ず、料理の“ついで”に、レンジ台まわりを濡れたタオルで拭いておきます。調理とほぼ同時進行感覚で拭いてしまえば、自然にラクに汚れが取れ、いつもキレイな状態が保てます。

●レンジ台の受け皿や五徳を拭く……1分

五徳のそうじは、ふきこぼれたらすぐ、熱いうちに行います。濡れたタオルの端を長めの菜ばしで巻くようにつまみ、一方の端を手で引っ張りながら拭きます。煮物や焼き物など調理のついでに拭いておけば、ガンコな汚れやニオイから解放されます。余熱のあるうちが効果的。

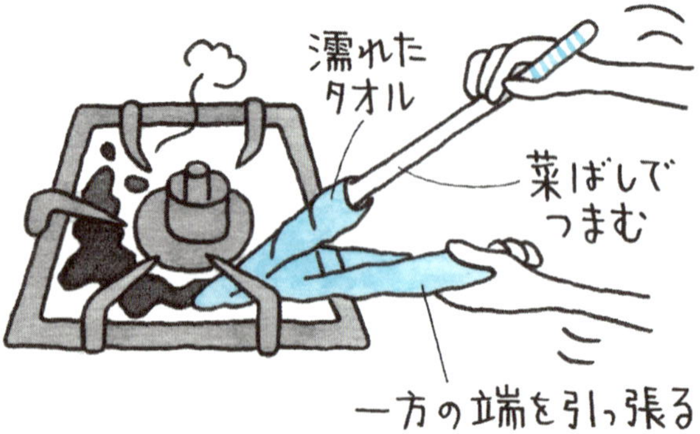

●シンクの水滴を拭く……30秒

野菜を洗ったり、食器を洗ったりする水仕事のあとの水滴は、シンク汚れの原因になります。乾いたタオルで水分を拭きましょう。

●蛇口を磨く……20秒

　蛇口もピカピカにしておきます。乾いたタオルで磨くように拭きます。

バスタイム

●バスタオルで壁や床を拭く……1分

　キレイなバスルームは美容と健康には欠かせません。身体を拭いたあとのバスタオルは、蒸気や水滴で濡れた壁や床などの水滴を拭くのに使いましょう。カビや水あかや湯あかから生まれるヌメリを防げます。

1分そうじ　休日

週1回、ピンポイントそうじ

とにかく、そうじをラクにする方法は、「汚れをためない」こと。毎日やらなくてもいいけれど、ローテーションを決めておけば、毎日の「ながら＆ついで」「使ったとき」などの1分そうじをカバーでき、部屋中がいつのまにかまんべんなくキレイになります。週1回のピンポイントの場所は、ふだん気になっているところ、ガンコな汚れなどです。ガンコな汚れはあらかじめぬるま湯でふやかし、やわらかくしてから落とすとラクです。

①天井や照明器具

天井のホコリ取りは、長めのほうきにタオルをかぶせて掃くように拭きます。照明器具は台や脚立の上にのって、身体を近づけ化学ばたきかタオルでホコリを払います。

②レンジ台と壁

ひどい油汚れは、洗剤をつけてラップで覆い、しばらくしてから濡れたタオルで磨くように拭き取ります。水拭きをして仕上げます。レンジ台の固化した油汚れは、取り外せる五徳や皿などは洗剤液につけおき、ゆるめておきます。固めのスポンジで磨き、水洗いし、乾かしてから元に戻してセットします。

③便器の縁の裏側

トイレブラシが入りにくい場所です。こんな場所は、手の力（ハンドパワー）が一番。ゴム手袋の上に軍手をはめ、水で濡らした指先にクレンザーを付けてこすります。ウオッシュレットのノズルなどの汚れも忘れずに。

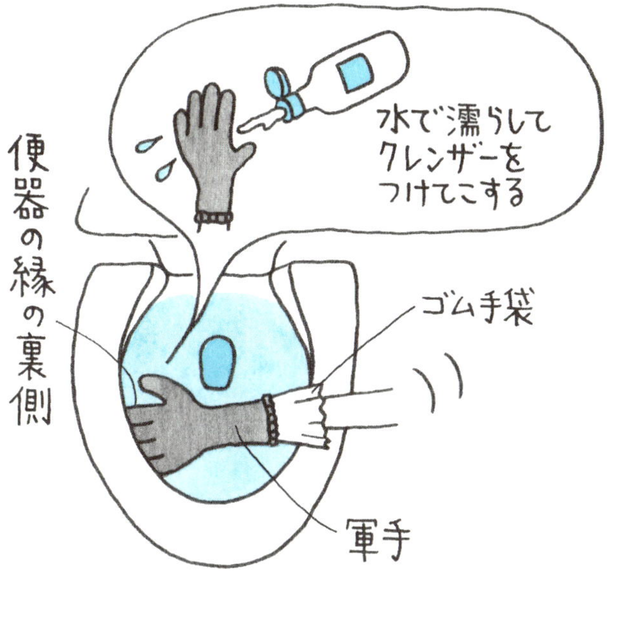

④部屋の壁

1メートルくらい離れて汚れやシミをチェックしましょう。布製の壁の汚れは、消しゴムで軽くこすります。木やビニール製の壁は、お湯で固くしぼったタオルでたたき、ぼかすように拭きます。シールの貼り跡は、ドライヤーの温風を吹きかけてはがし、お湯で固くしぼったタオルで磨くように拭きます。

⑤下駄箱

湿気がたまりやすいので、週1回はお天気の良い日を選び、風を通しましょう。ドライヤーの冷風を当てて湿気を取る方法もあります。靴を2～3足ずつ外に出して、空いた場所の拭きそうじをします。1時間くらいは、扉を開放して空気を入れ替えましょう。

⑥表札や郵便受け、玄関ドア

その家の顔とも言える表札。乾いたタオルでホコリを払っておきます。ドアホンの細かいホコリは、綿棒などでこするとキレイになります。玄関ドアは軍手をはめて拭きます。ゴム手袋の上から水で固くしぼった軍手をはめ、両手で大きくなでるようにドア全体の汚れを拭きます。

1分そうじ　お天気別

晴れた日、雨の日、くもりの日、強風の日、雪の日。お天気によって効果的なそうじができるということを知っておきましょう。自然の力を味方につけてしまえば、あなたの１分そうじもかなり楽しいものになるはずです。

こびりついたガンコな汚れは、湿度が高くなればゆるみます。太陽は、水を使っても湿気を蒸発させ早く乾かしてくれます。それぞれの天気に適したそうじ法を効果的に身につければ、厄介なそうじもラクラクです。

晴れた日の1分そうじ

湿気を嫌う場所を中心に、狭い場所や木の床や畳などの拭きそうじをします。

●玄関のたたきを掃く・拭く……1分

玄関は家中の湿気が集まりやすい場所です。湿気がこもるとニオイの原因にもなります。あなたの家の顔である玄関は、「いつもキレイ」を心がけておきましょう。

水を使うそうじは、よく晴れた日の午前中がおすすめです。ビニールクロスのたたきは、濡れたタオルで拭きます。石のたたきは、濡らした新聞紙をちぎって床にまき、ほうきで掃きます。濡れた新聞紙は雑巾の役目をするばかりでなく、ホコリを立てずに汚れをキレイに吸い取ってくれます。汚れた新聞紙を入れるゴミ袋をあらかじめ用意しておくと手早くできます。

拭きそうじのあとは、ドアを開け、風を通し、できるだけ早く水分を乾かしましょう。

●じゅうたんやカーペットを拭く……1分

じゅうたんやカーペットの毛足の奥には、ホコリやゴミ、髪の毛などの汚れがたまっています。汚れやすい出入り口付近、部屋の四隅、テーブルのまわりや下など、ピンポイントで1カ所ずつ、1分を目安にそうじすることがポイントです。

掃除機をかけるだけでなく、週に1回くらいはこの1分そうじを心がけ、少しずつキレイにしましょう。一度に全部やろうとしないこと！　時間もかかり、身体も疲れ、いっぺんでそうじが嫌いになってしまいます。

●フローリングにワックスをかける……1分

ホコリが目立ちやすい木の床は、手間をかけずに、いつもキレイにしておきたいものです。木の床にワックスをかけておけば、汚れも傷もつきにくく、木の輝きがあり、見た目もキレイです。

掃除機をかけてホコリを取ったあと、水性のワックスを乾いたタオルに少量付けて拭きあげます。これも一度に全部すませようとせず、長くても5分を目安にしましょう。ちなみに1分でできるスペースは畳1枚くらいです。ワックスの付いていないタオルの別の面でから拭きをして仕上げます。

●畳に掃除機をかける……1分

畳は、目に沿ってほうきで掃いたり、掃除機をかけるのがお手入れの基本です。畳3～4枚で1分が目安です。

●畳を拭く……1分

天然のイグサは水を嫌いますので、拭くときは手早く。お湯で固くしぼったタオルをお絞り状に丸めて拭きます。“サッサッサ”と手早く、少しでもイグサの表面に当たる水分を少なくします。最初は、畳2枚で、1分が目安。慣れるに従い、畳3枚くらいは拭けるようになります。

拭きそうじは、晴れた日の午前中がベストです。窓やドアを開け、風を通し、直射日光を避けましょう。

●畳のヘリを拭く

畳のヘリの汚れは、ホコリや食品かすや油、泥などが詰まっています。古歯ブラシかレールブラシで、トントンとたたくように掃き、乾いたままの状態でホコリを浮き立たせます。仕上げは、お湯で固くしぼったタオルで拭き取ります。

雨の日の1分そうじ

●雨上がりに窓ガラスを磨く……1分

窓ガラスは体力のいるそうじ場所ですから、なるべく短時間にすませること。雨上がりは、湿気で窓ガラスの表面の汚れがゆるむので、カラカラの晴天続きよりは汚れが取れやすくなります。

窓ガラスの片面につき1分が目安。雨の日はタオルは乾いたまま、くもりの日は、八つ折りにしたタオルの中を少し濡らすとタオルの毛羽が付かず、そのうえ汚れも取れやすくなります。リビングなど目立つ場所から順に拭いていきましょう。

●レンジまわりの油汚れを拭く……1分

●壁の油汚れを拭く……1分

●換気扇まわりの油汚れを拭く……1分

雨の日は、湿気で油汚れも少しゆるんでいます。お

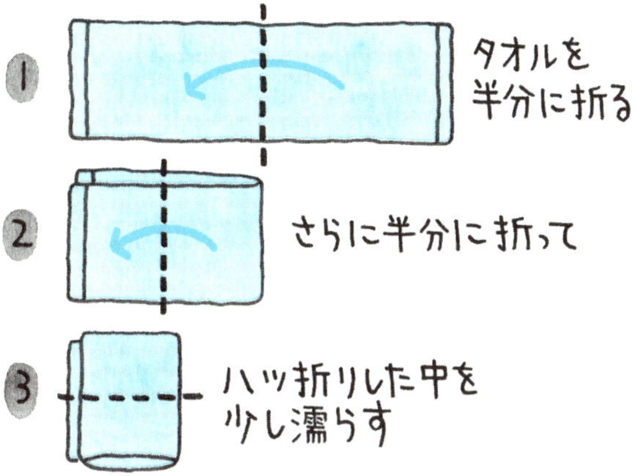

半分に折る
2
さらに半分に折って
3
ハッ折りした中を
少し濡らす

湯で作った台所用洗剤液にタオルをひたし、固くしぼって拭いていきましょう。

●食器棚の外側を拭く……1分

　食器棚の外側の扉に付いた手あかや油汚れも、湿気のおかげでゆるんで取れやすくなっています。戸棚の内側は湿気を嫌いますので、晴天の日に改めて拭きましょう。

●玄関のドアを拭く……1分

　湿気で汚れがゆるんだドアは、お湯で固くしぼったタオルで、取っ手のまわりに付いた手あかを中心に一気に拭きます。

　ドアの内側は、玄関に湿気を呼びますので、晴れた日のお仕事に。

強風の日の1分そうじ

外へ出るのも大変な強風の日は、ドアや窓を閉め切ったままできるそうじがおすすめです。ドアやスイッチまわりの手あかなど、そうじ中にホコリも立たず、換気が必要でないものが向いています。

●窓枠やレールを拭く……１分

窓枠やレールに泥やホコリがたまっていると、強風の隙間風とともに部屋中に運ばれることがあります。お湯で固くしぼったタオルで拭きます。１枚ずつ、強風の影響を受けやすい窓枠から拭いていきましょう。畳大の窓ガラスの枠１枚で１分が目安です。

レール部分はレールブラシか割り箸に濡れたタオルを巻きつけて、レールの溝を拭きます。完全に汚れが取れなくても、一度拭きで終わりにしましょう。畳大の窓２枚分のレールで１分が目安です。

１分そうじ　その日の気分で

自然の気候に、照る日、くもる日があるように、あなたの心も、明るい日、暗い日、グレーな日といろい

ろと変化することがあるのは当たり前です。気分に合わせてできる1分そうじをお話ししましょう。

明るく幸せを感じるとき

こんなときは、何をやっても苦になりませんが、だからといって、長時間のそうじは禁物。疲れてしまったら、幸せな気分がどこかに行ってしまうかもしれません。気になりながらふだんできない場所、忘れがちな場所などをキレイにするチャンスです。ただし、どんなにノッてきても1カ所1分以内で。

●ベッドの下のホコリを取る……1分

ベッドを少しだけずらし、ブローチやイヤリングなど大切なものが転がっていないかをチェックしてから、掃除機でホコリを吸い取ります。掃除機をかけるときは必ず窓を開けて換気をしましょう。

●クローゼットの下の床を拭く……1分

ふだん気がつかないホコリやゴミがたまっています。掃除機をかけ、ホコリを吸い取ります。

●キッチンのシンク下を拭く……1分

湿気やすいところなので、換気も兼ね、床をお湯で固くしぼったタオルで拭きます。あとは、しばらく扉を開放し、風を通しておきましょう。

憂鬱な気分のとき

こんなときは何もする気が起こらないものです。でも、身体を動かしていると少しずつ元気が出てくることがあります。一心不乱に1分そうじに集中することで心も落ち着きますし、身体を動かすことで全身にエネルギーが生まれてきます。

●ガラスのコップや銀製品を磨く……1分

ひたすら手を動かすことで身体に活気が生まれます。ピカピカになった食器を見ると気分も明るくなるでしょう。ワイングラス1個、銀のスプーン1本などが1分そうじの目安です。

●鏡を磨く……1分

よく使うドレッサーや洗面所の鏡を磨いてみましょう。乾いたタオルを手に巻きつけたら乳液を少量付け、鏡に大きく円を描くように磨きます。

腕を大きく回すことで身体に元気が出てきます。

キレイになった鏡ににっこりと笑いかけてみましょう。憂鬱な心も少し軽くなるかもしれません。

●キッチンの床を拭く……1分

身体全体を使って、キッチンの床をタオルで拭きま

しょう。お湯で固くしぼったタオルを手に持ち、腕を大きく左右に動かし、弧を描くように拭きます。

1分そうじ　気になる汚れに

　気になる場所のそうじを「明日」に延ばしているうちに、汚れがドンドンひどくなってしまった！　でもそれをキレイにする「時間も気力もない」のでどうしよう、と悩んでいませんか？

　ガンコな汚れほど、一度に取ろうとしないことが大切です。労力も時間もかかりますし、ムリに汚れを取ろうとすると建材を傷めることもあります。表面を少しずつ何度も拭くことで、汚れは目立たなくなっていきます。

コツは、濡れたタオルで汚れを「ひと拭き」。汚れの度合いによって、タオルの水分を調節しましょう。ガンコな汚れには、ゆるめにしぼったタオルで、普通の汚れには固くしぼったタオルで。

汚れが完全に取れなくても気にせず、日と時間を変えて“１分以内の拭きそうじ”を繰り返しましょう。たとえば、

①レンジ台まわりやシンク

②換気扇の外側

③キッチンの床や壁

④フライパンやお鍋

……ほかにもあなたの気になる場所を見つけて、気軽な“１分拭きそうじ”を試してみませんか。

エピローグ

人生に限らず、家事も「そこそこ、キレイ」を目指して、頑張りすぎないことが大切です。何事も努力し知恵を使うことは大切ですが、上手な使い方をしないと労力や気力の限界が来て長続きしないもの。

そうじにも同じことが言えます。「1カ所1分そうじ」、「1日1分そうじ」、たった1分でもコツコツ積み重ねていけば、いつのまにか家中ピカピカになるのです。

私は、できればいつも前向きなこと、明るいことに目を向けたい性質なので、好きでないそうじの時間をあえてつくりたくはありません。でも、部屋はいつも美しく清潔に整えたい。誰もが美しいと賞賛する居心地のよいすっきり片づいた部屋は、快適で、心も身体も晴れ晴れとし、温かい気持ちになれるからです。

いつもピカピカの美しさを、短時間の家事で保つためには、手抜きではなく、ちょっとした心がけと工夫が必要だと知りました。もちろん、お金も労力もかけないことが基本。

そのためのポイントは、１分のワンポイントそうじを毎日続けることです。そうじのためにまとまった時間をとる必要もありません。そうじという家事にパーフェクトはないので、やればやるほど前が見えないトンネルに入り込み、エンドレスの迷路から抜け出せなくなるからです。私も、長い間その迷路に立ち続けながら、試行錯誤の暮らしを送ってきました。

やがて疲れないばかりか、心も楽しくなるには、そうじをする意識なくそうじをやることだと気がついたのです。つまりそれは、毎日の生活習慣のなかに、必要なそうじを、短時間で組み込んでいくという方法です。

やってみればとてもカンタンで、心も身体も快適でラクラク。ふだんの暮らしの中で「何かのついで」や「何かしながら」そうじすればいいのですから。

意識して探してみると、朝起きてから寝るまで、面白いほど“１分そうじ”のチャンスが見つかりました。しかも「何かのついで」や「ながら」の“1分そうじ”をこなしていくうちに、いつのまにか家中がキレイになっているではありませんか！

こうして見つけた私流の「1分そうじ」の数々。少しでも明日の家事へのご参考になれば幸いです。そして、あなた流の「1分そうじ」がさらに見つかりますように。

二見書房の跡辺恵理子さん、わがスタッフたちに、心から感謝を。

illustration　みひらともこ
book design　ヤマシタツトム＋ヤマシタデザインルーム

沖 幸子（おき　さちこ）
兵庫県生まれ。神戸大学卒業。
フラオ グルッペ代表、生活経済評論家。
ドイツ、イギリス、オランダで生活マーケティングを学ぶ。
経済産業省、厚生労働省などの政府審議会委員。大学客員教授（起業論）。
グローバルな視点を持った経営者として広く活躍する一方、カジュアルで洗練された暮らし方「沖マジック」をテレビ、雑誌など多方面で提案。
『沖マジックでハッピーお掃除』（角川ザテレビジョン）『美人の暮らし方』（幻冬舎）『魔法の「タオル一本そうじ」』（ＰＨＰ文庫）『朝家事のすすめ』（ＰＨＰ研究所）『「何とかしたい！を何とかできる！」本』（三笠書房）『「キレイなキッチン」のコツ』（大和出版）などベストセラー多数。「家庭掃除マイスター資格認定講座」主宰。
“Ask Sachiko”『沖 幸子さんに聞いてみましょう』
http://www.ask-sachiko.com

気《き》づけばピカピカ！
1日《にち》1分《ぷん》そうじ

著　者　沖《おき》 幸子《さちこ》

発行所　株式会社　二見書房
東京都千代田区三崎町2-18-11
電話 03（3515）2311 営業
03（3515）2313 編集
振替 00170-4-2639

印　刷　株式会社 堀内印刷所

製　本　株式会社 関川製本所

落丁・乱丁本はお取り替えいたします。定価は、カバーに表示してあります。

ISBN978-4-576-10061-6
http://www.futami.co.jp/